Andreas Malessa
Retro sind wir einfach cooler

Über den Autor

Andreas Malessa, Jahrgang 1955, seit über
vier Jahrzehnten verheiratet, Theologe und
Hörfunkjournalist, hat sich in jährlich rund
90 Vortragsveranstaltungen und rund 20 Büchern
den Ruf als scharfsinnig humorvoller Beobachter
des Menschlich-Allzumenschlichen erworben.

Andreas Malessa

Retro
sind wir einfach
cooler

Humorgeschichten von
den jungen Alten

GerthMedien

Inhalt

Passwörter und Identität

„Findest du, meine Handschrift verändert sich?"
Wolf-Rüdiger klang besorgt.

„Ja. Im Alter schreibt man tattriger!" Roswithas
Antwort, die wie aus der Pistole geschossen kam,
brauchte dringend eine Abmilderung. „Das macht
aber nix, mein Schatz", ergänzte sie tröstend. „von
Hand schreibst du sowieso nur deinen Enkeln zum
Geburtstag und die können ja noch nicht lesen."

„Die Postbank verlangt eine neue Unterschrifts-
probe von mir, sonst machen sie keine Über-
weisungen mehr." Wolf-Rüdiger wedelte mit einem
dreiseitigen Fragebogen.
„Ach, das sind nur Schikanen, um ältere Kunden
von handschriftlichen Überweisungsträgern

zum Online- und Telefonbanking zu drängen",
vermutete Roswitha.

Ihr Mann seufzte. Dauernd sollte er beweisen, dass
es ihn gab, dass er noch lebte, dass er bei Sinnen
war.

Im Laufe der Jahre hatte Wolf-Rüdiger die Pass-
wörter und PIN-Codes für das Onlinebanking, sein
Smartphone, zwei Kreditkarten, eine EC-Karte, die
Bahncard sowie etwa zehn Bonus- und Rabatt-
kundenkarten diverser Versandhäuser gut verteilt
und versteckt. „Passwörter gehören nicht in die
Geldbörse", mahnte Roswitha, „und nicht an den
Bildschirm des Rechners!"

Ebenso sicher versteckt waren die Passwörter
und Zahlenkombinationen für den Erwerb von
Fahrkarten im Internet, das Buchen von Billig-
flügen und das Einloggen in die WLAN-Netze
der Wohnungen seiner Kinder. Diebstahlsicher
deponiert waren auch die Zugangscodes zu
elektronisch gespeicherten Versicherungs- und
Kaufverträgen sowie zu notariellen Dokumenten
ums Sterben und Vererben.

Die Frage war nur: Wo? Wo hatte er all diese Zettel „hinterlegt"?

In einem Haushalt, der gelegentlich von Enkeln im Kindergartenalter heimgesucht wird, gibt es natürlich gar keine entdeckungsfreien Verstecke. Jede Zahl und jeder Zettel hatten schon mehrere Male den Aufbewahrungsort gewechselt.

„Passwort vergessen? Klicken Sie hier." Wie oft hatte sich Wolf-Rüdiger schon neue Passwörter schicken lassen. Hatte beim Aufklappen rätselhafter Fenster voll rätselhafter Fragen an das Sprichwort gedacht: „Mit Microsoft arbeiten ist wie U-Boot fahren. Öffne ein Fenster und die Panik bricht aus."

Wie oft hatte er sich engelsgeduldig mit detaillierten Personaldaten neu angemeldet, um dann zu lesen, dass all dies ja nur „zum eigenen Datenschutz" geschehe.

„Der Schutz meiner Privatsphäre ist dermaßen zeitraubend, dass kaum noch Zeit für Privatsphäre bleibt", brummte er und bat Roswitha beim Ausfüllen des Identifizierungs-Fragebogens der

Postbank um Hilfe. „Meinst du, ein Graphologe analysiert meine Handschrift und erstellt dann ein psychologisches Gutachten über meine Zurechnungsfähigkeit?"

„Wenn die Banker noch ganz zurechnungsfähig wären, würden sie ihre Kundenbetreuung nicht den Algorithmen überlassen", murmelte Roswitha grimmig. „Ich sage nur: William Shakespeare."

Wolf-Rüdiger verstand nicht.

„Der lässt den Hamlet im Theater fragen: Muss das sein oder muss das nicht sein?" Sie kicherte.

„Ich dachte, es heißt ,seins oder nicht seins'?" Auch Wolf-Rüdiger hatte eine Prise Humor zurückgewonnen.

„Du bist nicht so fit im Internet wie die Cyberhacker", flüsterte Roswitha liebevoll. „Aber deine Handschrift, die hat was, finde ich: was richtig Charaktervolles."

„Gesundheit!"

Wenn Wolf-Rüdiger niesen muss, rollt der Ausbruch dieses Reizes langsam heran.

Erst juckt es nur beiläufig unter den Wangenknochen. Dann ein Britzeln und Kitzeln an der Nasenwurzel. Schnappatmung durch den Mund setzt ein, er kneift Augen und Nasenflügel zusammen und für drei unheilvolle Sekunden bleibt es dabei. Die berühmte „Ruhe vor dem Sturm". Dann es kracht es, wie der Donner eines Sommergewitters. Eine Explosion. Ein akustischer Weltuntergang. Bei Wolf-Rüdiger jedenfalls.

„Das Demütigende am Kranksein ist ja nicht die Krankheit an sich, sondern der Kontrollverlust", sagte Meike etwas schmallippig. Sie saßen im Hauskreis beieinander.

„Ich bin nicht krank." Wolf-Rüdiger putzte sich die Nase und war ein bisschen beleidigt. „‚Männergrippe' – dieses Wort enthält die spöttische Unterstellung, Männer seien meist kerngesund, aber gerne wehleidig."

„Gesund ist eh nur, wer noch nicht ausreichend untersucht wurde", sprang ihm Meikes Mann Konstantin bei. „Irgendwas hat jeder, Schnupfen zum Beispiel."

Wolf-Rüdiger nieste ein zweites Mal, krachend wie immer. „Gesundheit!", schallte es jetzt im Chor zurück.

Soll sich die neunmalkluge Meike doch an ihrer Apfelschorle verschlucken, dachte Wolf-Rüdiger. Ihr danach lang anhaltendes Hick, Hick, Hick, ihr penetranter Schluckauf, ist doch auch eine Art Kontrollverlust, oder nicht?

„Früher galt es als vornehm, Schnupftabak vom Handrücken einzuatmen, um die Nase angenehm zu reizen", murmelte Wolf-Rüdiger wie zur Entschuldigung.

„Das war das legale Koksen des alten Bürgertums",
schüttelte Meike den Kopf. „Helmut Schmidt hat
das auch gemacht und obendrein Kette geraucht!"
„Ist aber trotzdem relativ gesund 97 Jahre alt
geworden", gab Roswitha zu bedenken, „und der
Geruch wurde überall toleriert."
Konstantin, der heimlich geraucht hatte, verzog das
Gesicht, als müsse er eine Drahtbürste verdauen.
„Menschen, die Gluten und Lactose gut vertragen,
richten ihre Intoleranzen ersatzweise auf andere
Menschen", brummte er grimmig.

Roswitha wollte die gereizte Stimmung entspannen
und schaute durchs Wohnzimmer nach draußen.
„Ihr habt einen Ginkgobaum auf der Terrasse?"
„Ja", rief Meike stolz, „der gesündeste und resisten-
teste Baum, den es gibt. So einen hat Goethe in
Weimar gepflanzt."
„Der ist so unerschütterlich gesund, weil alles an
ihm giftig ist. Für Schädlinge jedenfalls", fügte
Konstantin hinzu.
„Aber wenn's ein weiblicher Ginkgo ist und sie im
Herbst gelbe Früchte abwirft, wird es hier nach

Buttersäure stinken wie die Sau", warnte Wolf-
Rüdiger und putzte sich die Nase.

Seine Frau unternahm einen letzten Versuch,
das Gespräch in freundlichere Bahnen zu lenken
und eine dankbare, christlich-geschwisterliche
Atmosphäre zu verbreiten.
„Ich finde es ein wunderbares Geschenk unseres
Schöpfers, dass wir das Wichtigste an unserem
Körper gar nicht kontrolliert steuern können", rief
Roswitha in die Runde.
„Gefühle!", nickte Meike.
„Männliche Gefühle wie Hunger zum Beispiel!",
stimmte Wolf-Rüdiger zu.
„Nein, drei Milliarden Herzschläge und
700 Millionen Atemzüge in einem 80-jährigen
Leben zum Beispiel. Macht ein gesunder
Körper einfach so."

Fünf vor Dreiviertelacht

Das war Lilianes Antwort auf die Frage:
„Wann müssen wir los?"

Tante Lilli, wie die Kinder früher sagten, war
Roswithas Schwester.
Wolf-Rüdiger hatte sie mal Freunden gegenüber
als „meine bayrische Schwägerin" vorgestellt. Vor
vielen Jahren. Bis seine Beziehung zu ihr wieder
repariert war – aber das dauerte, wie gesagt, viele
Jahre – erklärte sie ihm gerne und ausführlich die
Unterschiede zwischen Oberschwaben, schwäbi-
schem Allgäu und Westbayern. Da, wo Tante Lilli
lebt, ist „fünf vor Dreiviertelacht" eine völlig ein-
deutige Bezeichnung für 7.40 Uhr. Oder 19.40 Uhr.
Je nachdem …

„Wann müssen wir los?", hatte Roswitha ihren Mann gefragt. Ihn, eigentlich nur ihn! „Gleich", hatte er geantwortet, aber seine Schwägerin fügte präzisierend hinzu: „Fünf vor Dreiviertelacht, wegen der Baustelle."

Vielleicht, dachte Roswitha manchmal, liegt das suboptimale Verhältnis der beiden an den vagen Angaben meines Mannes.

„So gegen acht" wollte er im Foyer der Universität sein, wo ein bekannter Buchautor über die Relativität der Zeit sprechen würde. Tante Lilli meinte, der Referent würde dabei sicher auch den moralischen Relativismus des Zeitgeistes ansprechen, und beschloss mitzukommen. Um Konflikte abzufedern, kam Roswitha auch mit, obwohl sie eigentlich keine Zeit hatte.

„Bekommen Smartphones ihre Uhrzeit eigentlich auch von der Atomuhr am Alexanderplatz?", fragte Tante Lilli im Flur.
Wolf-Rüdiger verbesserte sie sofort: „Meinst du das runde Ding am Alex in Berlin? Das ist eine

Weltzeituhr. Die Atomuhr, die du meinst, steht in Braunschweig."

„Ach, ich dachte, die steht in Greenwich, England, wegen dem Längengrad dort?"

„Quatsch, da steht gar nichts."

„Na ja, die Tagesschau kommt ja auch immer erst eine halbe Minute nach acht, weil Hamburg so weit im Norden liegt."

Wolf-Rüdiger und Roswitha sahen sich verwirrt an. Lilli bemerkte es und erläuterte: „Im Norden geht die Sonne jetzt immer später unter und immer früher auf, es wird halt Frühling!"

„Aber davon ist doch die festgestellte Uhrzeit nicht abhängig! Zeitverschiebung gibt's nicht von Süden nach Norden, Lilli, sondern nur von Ost nach West! Punkt acht ist Punkt acht. In Lindau wie in Hamburg. Los jetzt, wir müssen fahren."

Auch im Auto blieb die Stimmung gereizt. „Es gibt dummdreiste Rechte, die glauben den öffentlich-rechtlichen Sendern nicht mal mehr die Uhrzeit", flüsterte Wolf-Rüdiger zu Roswitha hinüber, „weil

sie alle 320 Tageszeitungen und 200 Radiopro-
gramme für linksgrün gleichgeschaltet halten!"
Seine Frau schüttelte den Kopf und drehte sich zu
ihrer Schwester nach hinten: „Gell, Lilli, du wolltest
nur wissen, von wo aus unsere Uhren alle gleichgeschaltet werden?"
Es war fünf nach acht. Sie waren am Ziel, aber
im Saal war kein Mensch. „Auf dem Flyer steht
‚20.00 Uhr c.t.'", las Tante Lilli vor.
„Das bedeutet: ‚cum tempore'", erklärte Wolf-
Rüdiger, „also plus eine Viertelstunde."

„Ich will ihm eine Gehhilfe machen"

„Als mein Vater damals mit 70 vors Ärztehaus fuhr ..." Die Hauskreisgäste in der Runde hoben alarmiert die Augenbrauen.

„Mit 70 Jahren, meine ich, nicht mit Stundenkilometern", verbesserte sich Roswitha und ihre Zuhörer beruhigten sich, „da parkte er einfach in der Zufahrt für Krankenwagen."
„Und?" Es entstand eine erwartungsvolle Pause.
„Einmal wurde er aus dem Behandlungszimmer gerufen, mehrmals fand er teure Knöllchen unterm Scheibenwischer vor. Und einmal war sein Auto weg. Abgeschleppt!"

Wolf-Rüdiger goss Tee nach. Das Thema des Hauskreises heute waren die Sätze der Schöpfungserzählung aus Genesis 2, Vers 19: „Es ist nicht gut, dass der Mensch allein sei, ich will ihm eine Gehilfin machen." Die Frauen fanden das doch recht abwertend und in der revidierten Lutherbibel von 2017 heißt es ja auch ganz genderneutral „Hilfe". Weil aber Roswithas Freundin Susanne wegen einer Hallux-OP am Zeh eine Krücke brauchte und ihrem Vater demnächst der Einbau einer künstlichen Hüfte bevorstand, waren sie irgendwie auf das Thema Geh-Hilfe gekommen. „Dass man am Ärztehaus Zettel aus dem Parkscheinautomat ziehen muss und zwei Stunden drei Euro kosten, ist so eine Sauerei", nickte Susannes Mann.

„Zumal der Parkplatz 50 Meter vom Eingang entfernt ist und es schräg bergauf geht", fügte sie mit Blick auf ihre Krücke hinzu.

„Als mein Vater dann mit 80 immer noch in der Notfall-Zufahrt parkte", machte Roswitha weiter und wieder erntete sie erstaunte Blicke, „da legte er seinen Schwerbehindertenausweis ins Frontfenster. Half aber nix, er bekam trotzdem einen Strafzettel." Empörtes Raunen erfüllte die Runde.

„Man braucht eine Gehbehindertenplakette! Wie die Vignette für Schweizer Autobahnen."

Roswitha holte seufzend Luft.

„Und?"

„Jetzt ist er 90 und *ich* fahre ihn hin."

Es dauerte ein wenig, bis es allen dämmerte. „Ach, und jetzt hast *du* diese Plakette am Auto, bist kerngesund, kannst aber parken, wo du willst, sparst jeden Tag beim Einkaufen viel Zeit und Parkgebühren …" Einige lachten bewundernd, andere fühlten moralische Skrupel in der Magengegend. Susannes Mann wehrte ab: „Eine Stadtverwaltung, die pflegende Angehörige auf Klinikparkplätzen abzockt, darf man guten Gewissens bescheißen, finde ich."

„So einfach ist es nicht", lenkte Roswitha ein. „Ich bekam trotz der Vignette noch ein Knöllchen."

„Waaaas ???!!" Der sonst so gesittete Hauskreis schrie entrüstet durcheinander.

„Du brauchst nicht nur das ‚G' für ‚gehbehindert', sondern ein ‚aG' für ‚außerordentlich gehbehindert'. Das Landratsamt verweigerte uns das. Ich legte Widerspruch ein und jetzt hab ich Post vom Landesversicherungsamt."

„Und? Kriegst du das kleine ‚a'?" Alle blickten gespannt zu Roswitha.

Sie konnte die Auskunft auswendig: „Bitte rechnen Sie mit einer prüfenden Bearbeitungszeit von fünf Monaten. Von Nachfragen bitten wir in diesem Zeitraum abzusehen."

Kopfschütteln, Lachen, Prusten allenthalben.

„Bis dahin kann ich wieder laufen", hoffte Susanne, „und mein Hüft-OP-Vater auch."

„Aber mein Vater ist dann vielleicht schon tot." Roswitha schluckte.

„Aber am Friedhofseingang glaubt wenigstens jede Politesse, dass er außerordentlich gehbehindert ist", unterbrach sie Wolf-Rüdiger.

Hör mal, mein Hörgerät

Seit Roswitha ein Hörgerät hat, hört Wolf-Rüdiger sie schlechter. Ganz einfach, weil sie leiser redet.

Was?!" oder „Hä?" sind häufige Rückfragen geworden und Missverständnisse ganz alltäglich. „Hochbetagte kommen zuerst dran", murmelt Roswitha, während in der Tagesschau zum zigtausendsten Mal das Corona-Impfen erklärt wird. Wolf-Rüdiger versteht „hoch Betuchte" und beginnt, auf Privatversicherte zu schimpfen. „Auch wir sind Privilegierte …", will Roswitha entgegnen, weil sie an ihre sündhaft teure Zusatzzahlung denkt, die das Hightechgerät in ihrem Ohr gekostet hatte. „Wir sind doch keine Primitiven …", protestiert Wolf-Rüdiger. Da! Es klappert am Briefschlitz der Wohnungstür. Warum hören das beide nicht?

Früher mussten sie den Fernseher so laut stellen, dass vermutlich alle Nachbarn mitbekamen, was sie gerade sahen. „Schlecht hören kann ich gut, aber gut sehen kann ich schlecht", witzelte Wolf-Rüdiger entschuldigend. Neuerdings stellt Roswitha den Ton des Fernsehers ganz leise, weil sie ihn via Bluetooth direkt in ihr hochgerüstetes Ohr bekommt. Und endlich alles versteht, auch wenn Wolf-Rüdiger bei den Nachrichten immer dazwischenredet.

Auf laut gestellt ist nur noch das Telefon. Die beiden versuchten seit Februar, beim Gesundheitsamt einen Impftermin zu bekommen. Im Schichtbetrieb sozusagen. Die Endlos-Warteschleife aus Musik und stereotyper Ansage gehörte zur akustischen Inneneinrichtung ihrer Wohnung. Vertraut wie die Geräusche der Stadt oder der Regen am Fenster. Piep, piep, piep. „Bitte haben Sie etwas Geduld." Seit Tagen.

Der Brief auf dem Fußboden im Wohnungsflur ist eine Sensation: „Ein Impftermin! Roswithaaaa!! Obwohl wir noch nicht 80 sind!!", schreit Wolf-

Rüdiger. Roswitha hält sich die Ohren zu, hat aber
verstanden. Erleichtert schaltet sie die Lautspre-
chertaste am Telefon aus. Schluss mit Warten.

„Alle Alten wollen gern jünger sein", lächelt sie,
„aber beim Impfen wollen alle gern älter sein. Wann
isses denn?"

„Mitten in unserem geplanten Urlaub."

„Dann lassen wir uns halt nicht impfen!", schüttelt
sie den Kopf, „Ich lass doch nicht 14 Tage Ostsee
sausen, nur um …"

„Lieber Ohrensausen, als an der Ostsee zu hören,
dass sie nur Geimpfte reinlassen!", widerspricht
Wolf-Rüdiger, hat sich aber wohl verhört.

„Ungeimpfte abweisen?" Roswitha ist sich sicher:
„Die werden doch nicht Leute aussortieren, die
genug auf der hohen Kante haben für …"

„Apropos Kant", nimmt Wolf-Rüdiger ihr falsch
gehörtes Stichwort auf, „Immanuel Kant hat ja
gesagt: ‚Handle so, dass du wollen kannst, alle
würden so handeln wie du.' Dieser sogenann-
te kategorische Impferativ bedeutet: Wir sollen
Vorbild sein. Zeichen setzen. Erst fröhlich zum
Impftermin hingehen, dann in Urlaub fahren …"

„… und dort dann 14 Tage lang die Nebenwirkungen der Impfung auskurieren? Ja, danke schön!" Kategorisch kopfschüttelnd fällt ihr Blick auf eine Grußkarte am Kühlschrank: „Lasst uns freimütig hinzutreten zum Thron der Gnade. Hebräer 4, Vers 16a." Wolf-Rüdiger hat gesehen, dass sie es gesehen hatte.

„Impfzentren sind kein Thron und Ärzte keine Götter in Weiß", murmelt er, „aber eine Gnade ist es schon, dass es Impfstoff gibt und wir ihn kriegen, oder?"

„Was?", fragt Roswitha und stellt ihr Hörgerät lauter.

„… haben ohne ihr Wissen Engel beherbergt"

Als die netten Gastgeber Gute Nacht gesagt hatten und Wolf-Rüdiger sein Gästezimmer betrat, sah er es auf dem Nachttisch liegen.

Wuchtig groß und dick, mit Ledereinband und Goldschnitt, wie eine alte Bibel. Von den Gastgebern demonstrativ dort hingelegt als dringende Bitte, als stummer Befehl: das Gästebuch.
Wolf-Rüdiger seufzte schwer, stellte seine Reisetasche ab, nahm den Wälzer zur Hand und fühlte sich wieder wie früher. Wie ein Schüler, der morgen eine Mathearbeit schreibt.
Mit welchem Wort-wie-Donnerhall sollte er sich verewigen? Welche philosophische Hinterlassen-

schaft würde intellektuell und kulturell Eindruck
schinden und den lieben Leuten hier noch lange zu
denken geben?

Ein ehrlicher Kommentar wie „Klopapier war alle"
kam ja nie in Frage. Man lobt und dankt, völlig
klar: „Selbstgemachter Wurstsalat! Wahnsinn.
Danke." Oder sollte er lieber die Themen der
Tischgespräche hervorheben? „Habe viel über
die Steuerabzugsfähigkeit von Sonderausgaben
gelernt."
Oder sollte er ein schönes Zitat von Luther
notieren, von Goethe, Schiller, Konfuzius oder
Buddha, wahlweise auch Tucholsky, Heinz Erhardt
oder Loriot?
Wolf-Rüdiger fiel nichts Witziges ein. Er gähnte,
begann sich auszuziehen und dachte plötzlich an
Hebräer 13, Vers 2: „Vergesst nicht, gastfreund-
lich zu sein, denn durch Gastfreundschaft haben
etliche ohne ihr Wissen Engel beherbergt." Ein
Bibelzitat! Wunderbar. Er suchte einen Kugel-
schreiber und stockte. War das nicht etwas zu hoch
gegriffen? Er, ein Engel? Seine Gastgeber, ein Paar

wie Abraham und Sara? Dieses Haus, ein biblischer
Hain Mamre?

Wolf-Rüdiger besann sich auf eine alte Schülertech-
nik: Abschreiben.
Was hatten frühere Übernachtungsgäste denn
so …? Er blätterte im Gästebuch zurück und
staunte. Der letzte handschriftliche Eintrag
stammte aus dem Jahr 2006: „Mit Psalm 23
bedanken sich herzlich Anne und Herbert."
Wie originell.
Danach – nichts mehr. Warum nicht?
Nun ja, moderne Gäste bedankten sich wenige
Stunden nach ihrer Abreise per SMS oder
WhatsApp. Die Selfies während der Tischgespräche wurden als Fotos auf Facebook gepostet. Statt
buntstiftgemalter Blümchen im Gästebuch gibt es
heutzutage Smartphone-Icons. Smileys. Emojis.
Blumensträuße. Sonnen.

Wolf-Rüdiger kroch unter die Decke und grübelte.
Es gibt Gegenstände, die infolge technischen Fort-
schritts verschwunden sind, aber nicht betrauert

werden, zum Beispiel der Diaprojektor. Es gibt Gegenstände, die verschwunden sind, aber wehmütig vermisst werden, wie zum Beispiel die Glühbirne.

Und dann gibt es Gästebücher, deren Nichtverschwinden heimlich bedauert wird. Er griff nach dem dicken Gästebuch und notierte: „War schön hier. Danke für alles. Ciao."

Als er am nächsten Morgen das Haus verließ, lächelte die Gastgeberin zum Abschied: „Da haben wir ja vielleicht einen Engel beherbergt! Steht doch so in der Bibel, stimmt's?"

Gülden leuchten Jubiläen

*Wie unterschiedlich man in eine Festgesellschaft ein-
tauchen kann, obwohl alle Gäste ungefähr gleich alt
sind! Roswitha staunte. Und schaute. Und dachte.*

Meine Güte, ist die dick geworden! – Der da hatte
früher doch ganz volles Haar. – So ein Fransen-
Schultertuch macht alt, oder?
Ihr Mann Wolf-Rüdiger staunte auch, hörte und
zählte aber: „Von ehemals 34 Konfirmanden
sind sechs schon tot, fünf verwitwet, vier erst gar
nicht gekommen und drei sind dabei, obwohl sie
gar nicht konfirmiert wurden. Freikirchler oder
Katholiken, was weiß ich."

Im Gottesdienst zum Jubiläum ihrer goldenen
Konfirmation hatten alle ihren persönlichen

Bibelspruch noch einmal gehört, eine gerahmte Urkunde unter Glas bekommen und waren gesegnet und beglückwünscht worden. Im Ton und Gestus sehr staatstragend, sehr feierlich. Jetzt, zum Mittagessen im Gartenrestaurant, brach die Ausgelassenheit und Albernheit einer Horde Teenager auf Klassenfahrt aus ihnen hervor.

„Das waren wir damals ja auch: wilde Pubertiere!", dröhnte der Gruppenclown von einst.

Er erhob sein Sektglas. „Stimmt", brummte Wolf-Rüdiger, „und mit 16 war deine Freundin schwanger." Hatte er leise genug gebrummt? Roswitha hoffte es schreckensstarr. Eben dieses allzu frühe Kind war inzwischen die Frau eines anderen Goldkonfirmanden geworden und die auffällig jüngere Frau in zweiter Ehe. Auffällig jüngere Männer an der Seite Mittsechzigerdamen gab es keine.

„Hat eine der Omas hier noch ihren Mädchennamen wie vor 50 Jahren?", fragte jemand.

Man schielte einander in die Jubiläumsurkunden, schüttelte den Kopf. „Ja, ich", rief exakt jene Dame, von der man irgendwie immer schon

ahnte, dass sie weder Gattin noch Oma werden
würde.

Nun wurden Fotos von Tisch zu Tisch gereicht.
Lachsalven sprudelten empor wie kleine Brunnen-
fontänen. Und wieder schaute Roswitha auf Moden,
Frisuren und Farben, während Wolf-Rüdiger aus
den Fotos seines Tischnachbarn biografische
Schlüsse zog: „Später zur Bundeswehr gegangen?
Aha, soso. Kein Mensch, kein Tier, ein Panzer-
grenadier …" Die Männer erzählten von ihren
Karrieren, die Frauen von Kindern und Enkeln –
manche Klischees bestätigen sich immer neu.
„1969 war halt ein historisches Jahr", deklamierte
der Gruppenwitzbold über alle Tische hinweg.
„Mondlandung! Woodstock-Festival! Unsere Konfirmation! Prost, Gemeinde!"

Roswitha bemerkte, wie ihr Mann nachdenklich
wurde. Und still. Und ernst.
„Konfirmieren", sagte er unvermittelt, „heißt
doch: den Glauben der Eltern und Paten, den sie
mit meiner Taufe ausdrückten, nun meinerseits

zu bekennen, zu bekräftigen und zu bestätigen, oder? Wie viele der Jubilare haben in den letzten 50 Jahren diesen Glauben auch praktisch gelebt, was denkst du?"

„Du denkst zu viel in Zahlen, Schatz", gähnte Roswitha. „Du solltest dankbar sein für jeden Goldkonfirmanden, der noch gesund genug ist, hier zu feiern."

„Und das mit der Frau, die treu mit ihm alt geworden ist", nickte Wolf-Rüdiger, grinste und gab ihr einen Kuss auf die Wange.

Wolf-Rüdiger hätte es wissen können und es hätte ihn warnen müssen. Er war inzwischen in so vielen WhatsApp-Gruppen, dass er meist vergaß, wer alles dazugehörte. Von Roswithas Geburtstagsgästen sang eine im Chor der Gemeinde, zwei waren in der Wandergruppe und eine im Seniorenkreis. Eine war die Patentante des Sohnes, eine fünfte die Nachbarin gegenüber und mit Freundin Nummer sechs machte Roswitha Pilates. Alle kommunizierten permanent mit ihm oder seiner Frau, aber höchst individuell. Wenn eine Frau sofort „whatsappt", die zweite lieber „simst", die dritte meist E-Mails schreibt, die vierte lange Sprachnachrichten schickt, die fünfte nur persönliche Telefonate führt und die sechste Postkarten verfasst, dann konnte ein älterer Herr wie Wolf-Rüdiger doch mal den Überblick verlieren, oder?!

Jedenfalls waren hinterher alle stinksauer. Ausnahmslos. Der wunderschönen, festlich fröhlichen Geburtstagsfeier folgte ein, nun sagen wir, sozialer Aschermittwoch: „Roswithas Freundinnen schenkten ihr gemeinsam einen neuen Kaffeeautomaten", whatsappte Wolf-Rüdiger seinem Sohn. „So teuer, dass sie zu Hause nur noch die billigsten Kaffeebohnen einfüllen. Nix mit Fair Trade. Es ist dasselbe wie im Sommer, wenn auf die teuersten Grillgeräte das billigste Fleisch gelegt wird. Paradox, oder? Die Fete selbst war nett, aber manche Freundschaften ebben langsam ab."

Er hätte es nur ihm ge-appt, dachte Wolf-Rüdiger. Es ging aber an alle.

Fernsehsessel. Hin und zurück. „Wurstsalat ist schließlich auch Salat", hatte er gescherzt, „und Intervallfasten, das ist, wenn man zwischen dem zweiten Frühstück und dem Mittagessen nichts zu sich nimmt."

„Hast du die Waschmaschine ausgeräumt?", tönte es aus dem Wohnzimmer.

„Yep! Und den Trockner befüllt." Da passierte es: Im Wäschekeller klopfte der rasend rotierende Trockner donnernd gegen die Waschmaschine. Wolf-Rüdiger rannte runter, stürzte in ein Fahrrad, das noch nie dort gestanden hatte – „Fahrräder putzen" stand auch auf der Liste –, während oben auf dem Herd das heiße Öl rauchte und die Sahnesauce blitzschnell überkochte. Hinterhältig, wie erhitzte Milchprodukte so sind.

Roswitha war aufgesprungen, Ladekabel und Smartphone am Handgelenk, hatte in der Küche panisch Topf und Pfanne weggezogen und dabei ihr Handy auf die glühend rote Herdplatte geschubst. Es stank bestialisch nach verbrannter Sahne, heißem Fett und geschmolzenem Plastik.

„Welcher Idiot hat das Fah …" Weiter kam
Wolf-Rüdiger nicht, als er die Küche betrat.
Roswitha sagte nichts, riss lediglich ein Fenster
nach dem anderen auf. Der Trockner im
Keller schwieg auch.
Roswitha verdrehte die Augen. „Du bist ganztägig
zu Hause und am Herd gefährlicher als jedes
Virus."

Quasimodo Geniti

„Am 27. April 1980 wurden bei Kaiser's Kaffee die Rabattmarken abgeschafft!"

Roswitha schaute vom Smartphone auf und verkündete ihre neueste Internet-Erkenntnis wie ein Fanal in die Familienrunde. Ihr Sohn Tobias, 29, grinste erwartungsvoll. „Und? Hast du damals dein vollgeklebtes Heftchen noch rechtzeitig eingelöst?"
„Leider nein. Ich fand es erst Jahre später beim Schrank-Ausmisten. Hinter den Kochbüchern."
„So was heißt heute Payback-Karte. Wenn du von jedem Laden eine hast, ist deine Geldbörse schwerer als zwei Pfund Kaffee."
„Und statt Kochbücher zu lesen, guckt man heute Rezeptvideos auf YouTube", warf seine Freundin Jenny ein.

Die beiden hatten das lange Osterwochenende bei Tobias' Eltern „gechillt" und soeben verkündet, dass sie hier bis nächsten Sonntag gerne weiter- chillen wollten. „Bis zum Weißen Sonntag?", fragte Wolf-Rüdiger und seufzte.

Jenny errötete leicht, schwieg aber. „Ein Sonntag in Weiß? Was soll das denn heißen? Willst du damit andeuten …?" Tobias reagierte gereizt. Eltern von jungerwachsenen Kindern sollten Worte wie „Verlobung" und „Hochzeit" vermeiden. Und niemals fragen: „Isses diesmal was Festes?"

Jenny war seine, nun ja, nachhaltigste Freundin von allen bisherigen. Zu lang mit ihm zusammen, um sie nur beiläufig zu kennen. Aber auch zu kurz mit ihm liiert, um schon von „Lebensgefährtin" zu sprechen. „Seine Braut", so was sagt man heute nicht mehr. Es gibt ja auch keine Rabattmarken mehr.

„Der erste Sonntag nach Ostern heißt Weißer Sonntag, weil man da in den Kirchen weiß geklei- dete Täuflinge taufte", lenkte Roswitha ein, „und

sie ‚wie die Kindlein' in die Gemeinde aufnahm,
lateinisch quasi modo geniti."
„Mit Verlobung oder Hochzeit hat das nichts zu
tun", beteuerte Wolf-Rüdiger.

Alle waren um eine Deeskalation bemüht. Auch
Jenny, die mitten im Bachelor steckte: „Ich dachte,
es heißt ‚die Kinder des Quasimodo'. Also die von
dem Glöckner von Notre Dame. Haben wir damals
im Deutschunterricht geguckt, den Film von
Victor Hugo."
„Notre Dame ist abgebrannt", brummte Tobias.
„Victor Hugo hat keine Filme gedreht", lachte
Wolf-Rüdiger. „Quasimodo und Esmeralda, also
der Bucklige und die Zigeunerin, hatten keine
Kinder", schüttelte Roswitha den Kopf.
„‚Bucklige' und ‚Zigeuner' sagt man nicht mehr",
Tobias war ehrlich entrüstet, „genauso wenig wie
Kaiser's Kaffee oder Muckefuck."

„Tau – fe! Hallo! Es geht um Taufe in We-hei-ß!"
Lautstark wollte Wolf-Rüdiger die mangelnde
Allgemeinbildung der Generation XYZ mit

einem Machtwort beenden. Das Kirchenjahr, die liturgischen Sonntagsnamen von „Invocavit" im März bis „Trinitatis" im Juni, die Lateinkenntnisse, die Literaturgeschichte – alles offenbar so wertlos wie 40 Jahre alte Rabattmarken?! Tobias' Freundin nickte ihm freundlich zu.

„Verstehe, verstehe. Wenn am Sonntag nach Ostern jemand getauft wird, gehen alle ‚quasi in der Mode der Kinder' zur Kirche. Quasi Modo geniti, klar."

Was Ohren genießen

„Wieso denken beim Stichwort ‚Genuss' die meisten ans Essen?", wunderte sich Wolf-Rüdiger. „Warum ist Kochen so ein überkandideltes Getue geworden?!"

„Weil Lippen, Zunge und Gaumen nun mal unsere sensibelsten Genussorgane sind", konterte Roswitha. „Da kenn ich aber noch andere Körperteile …", wollte ihr Mann sie unterbrechen, ließ es aber. „… und man nicht umsonst von ‚Gaumenfreuden' spricht. Und wenn's schön serviert ist, sind leckere Gerichte auch eine ‚Augenweide.'"
„Ich hätte aber gern mal einen Ohrenschmaus. Kein Konzert, nein. Völlige Stille!"

Wolf-Rüdiger hatte zum Geburtstag im Mai ein Kochbuch, einen Gewürzmörser, eine Grillzange und das Handbuch „Steaks, perfekt" geschenkt bekommen. Nicht ganz uneigennützig hatte man das überreicht, denn die Grillsaison würde ja dieses Jahr von einer Fußball-WM gekrönt werden. Und, nun ja, Wolf-Rüdiger und Roswitha haben einen großen Garten. Viele Hauskreisfreunde und Arbeitskollegen haben aber keinen. Und da wäre es doch schön, wenn …

An ebendiesem Garten und am Gartenpflege-Fleiß der Nachbarn entzündete sich bisweilen Streit. Wolf-Rüdigers Traum von stillen Sommerabenden, an denen er schweigend neben seiner geliebten Gattin auf der Gartenbank säße und das Rauschen der Bäume und Zirpen der Grillen genießen würde, war bisher an Benzin-Rasenmähern, elektrischen Heckenscheren, Baumsägen und Laubsaugern gescheitert. An johlenden Kindern auf netzumspannten Trampolinen und brüllenden Babys in aufblasbaren Swimmingpools. „Frisch gemähte Rasenflächen locken Amseln an, die mit gellendem Geflöte ihr Revier verteidigen. Romantisch ist dieser Proletenvogel nicht", brummte Wolf-Rüdiger eines Freitagabends. Roswitha schüttelte nur den Kopf, rückte ihren Kopfhörer zurecht und klickte im Handy das Lied „In der Stille angekommen" von Christoph Zehendner an. Deshalb merkte sie auch nicht, was alle Amseln schlagartig verstummen ließ: Von irgendwoher dröhnte ein Ghettoblaster und rief mit „Polonaise Blankenese" und „Mambo No. 5" zur Gartenparty.

„Das wird bis vier Uhr morgens so gehen", dachte Wolf-Rüdiger düster, „und ab halb acht rattern überall die Fensterrollos hoch. Roswitha wird den Kaffeeautomaten, die Brotschneidemaschine und die Saftpresse aufheulen, sägen und zischen lassen. Sie wird nach Geldbeutel oder Autoschlüssel rufen, das Garagentor rumpelnd öffnen und …" Das Selbstmitleid eines Lärmgeplagten fühlte sich richtig gut an. Roswitha nahm plötzlich den Kopfhörer ab. „Wusstest du, dass die Neuen da drüben ihren Carport morgen errichten wollen? Mit Kreissäge, Flex und Schlagbohrer wahrscheinlich. Pflastersteine legen in der Auffahrt wollen sie auch. Wenn du Stille willst, musst du in den Wald gehen."

„Wo Horden von Nordic-Walking-Omas laut plaudernd an mir vorbeiziehen?" Wolf-Rüdiger war wirklich schlecht gelaunt.

Peng! Irgendwas knallte in der Wohnung. Paff! Überall in der Straße gingen die Lichter aus. Der Partylärm mit „Rosemarie" brach schlagartig ab. Beide sprangen von ihren Gartenliegen auf und standen im Stockdunklen.
„Stromausfall!", rief Roswitha erschrocken.
„Stille", sagte Wolf-Rüdiger zufrieden.

Wie ein Bär oder wie ein Baby?

Ihr Kinn fiel auf die Brust, ihr Kopf neigte sich zur Seite. Der bequeme Fernsehsessel und die kuschelige Sofadecke hatten gesiegt. Während eines „Tatorts" einschlafen und um viertel vor zehn fragen: „Wer war denn nun der Mörder?", das konnte Roswitha schon als junge Frau.

Aber dass kurze Schlafphasen bei Tag auch von langen Wachphasen bei Nacht ergänzt wurden, das war erst im Alter dazugekommen. Frühjahrsmüdigkeit tagsüber und Intervallschlaf nachts – Roswitha schob es auf die Jahreszeit. Frühsommerlich explodierte die Natur in herrlicher Blütenpracht. Gräser, Blumen und Bäume sendeten da draußen jene Pollen aus, die drinnen bei ihr heftiges Niesen, zugeschwollene Atemwege, lautes Schnarchen und oft auch Hustenreiz verursachten.

„Zum Glück merkt mein Mann nichts davon. Der schläft wie ein Bär", sagte sie ihren Freundinnen gern. Wolf-Rüdiger nickte dann lächelnd und verschwieg, wie oft er von Bulldozern, Dampflokomotiven, Schiffen im Hafen und Bohrmaschinen auf Baustellen träumte. Zu berufenen Persönlichkeiten in der Bibel sprach Gott durch Träume. Zu ihm sprach nur die nächtliche Geräuschkulisse von Roswithas Pollenallergie.

Dass neuerdings auch er mitten am Vormittag eine gewisse Benommenheit verspürte, nach dem Essen kiloschwere Augenlider bekam und nachmittags gern auf dem Sofa das in Anspruch nahm, was hoch konzentriert arbeitende Manager den „Powernap" nennen, verwirrte Wolf-Rüdiger etwas. Erst recht, wenn ihn nachts alle zwei Stunden nicht nur der Blasendruck weckte, sondern ihn auch bedrückende Gedanken wach hielten. Gedanken an alles, wovon er tagsüber hörte: Eine Enkelin war krank, eine andere im Kindergarten unleidlich. Die erwachsenen Kinder whats-appten ausführlich von ihrem Ärger im Job. Der Nachbar müllte den gemeinsamen Keller zu. In der Gemeinde hatten bewährte Ehrenamtliche ihre treuen Dienste niedergelegt.

Wolf-Rüdiger grübelte und grübelte. Hellwach. Wer der Schwägerin beim Umzug half, warum das Auto neuerdings da klapperte, wo es bisher nur quietschte, und welchen Freunden man zu gratulieren vergaß.

Roswitha röchelte gleichmäßig vor sich hin, aber sie schlief wenigstens.

Wolf-Rüdiger kam in Gedanken vom Privaten aufs Politische. Von der Einkaufsliste zur Liste der Staaten, die Christen verfolgten. Von der Stromrechnung zum Klimawandel, vom Wortwechsel am Telefon zum Weltfrieden allgemein. Aber irgendwann, wer weiß wie spät, dämmerte er doch weg. Als er nun wieder einmal aufwachte, fühlte er sich frisch und voll Tatendrang.

Wolf-Rüdiger stand auf, ging ins Bad, rasierte sich, duschte, zog sich an und ging in Gedanken die heutige To-do-Liste und die langfristigen Projekte durch. Als er die Armbanduhr zur Hand nahm, wollte er's nicht glauben: Es war 4.45 Uhr!

„Ich bin gesund und schlafe wie ein Baby!", antwortete er auf die üblichen Nachfragen, wie es ihm ginge. Nur er und Roswitha wussten, wie sehr das stimmte: in Zwei-Stunden-Intervallen.

Zerstreutheit
und Verschrullung

„Ja, gibt's das!" – „Was für ein Zufall!" – „Ihr, hier!?"
Roswitha erkannte die beiden von Weitem.

Wolf-Rüdiger erspähte sie erst spät im Gegenlicht
auf dem Dünenwanderweg. Unverkennbar, trotz
ihrer Wollmützen und Sonnenbrillen. Alex Meier
und seine Gertrud machten auf derselben Nord-
seeinsel Urlaub wie sie! „Da sieht man sich in der
eigenen Stadt jahrelang nicht mehr und dann …"
Man beschloss sofort, im Strandcafé dort drüben
einzukehren, da, neben dem Blumenladen, jaja.
Gertruds langes Zögern zwischen den Tischen
wunderte Wolf-Rüdiger. Innen sei es zu voll und zu
laut, draußen vielleicht doch zu frisch, an der Ecke

dort blies der Wind den Sand herüber, an der Seite hier blende die Sonne so stark. Während Gertrud noch ausgiebig dies und das erwog und empfahl, vorschlug und verwarf, ließen sich die zwei Männer in die erstbesten Korbstühle plumpsen. Die Platzwahl war entschieden.

„Schöne Überraschung", lächelte Alex. „Gertrud hat nämlich heute Geburtstag!" Zum zweiten Mal ertönte Juchzen und Jubeln.

Während das Geburtstagskind die gesamte Speisekarte laut vorlas, jedes Getränk und jedes Gericht kritisch kommentierte, schlich Roswitha ins Geschäft nebenan und kam mit einem kleinen Rosenstrauß zurück. Beim „Happy Birthday"-Singen wurden drei Gläser Sekt serviert. Gertrud wusste noch nicht so recht, was ihr schmecken würde. Die Kellnerin kam erneut und brachte drei Tassen Kaffee für die Entschlossenen.

Alex holte eine Faust voll winziger brauner Münzen aus der Manteltasche: „Die sammle ich!" Wolf-Rüdiger runzelte die Stirn, Roswitha beugte sich vor.

„Auf der Rückseite des Betrags ‚1 Cent', schau hier,
da ist ein Zweig mit Eichenblättern im Sternen-
kranz abgebildet, darunter eine Jahreszahl und ein
Buchstabe. Interessant, oder?"
Eher eigenartig als interessant, dachten beide.
Die Kellnerin ging wieder. Roswitha setzte ihre
Lesebrille auf, Wolf-Rüdiger kniff die Augen
zusammen.
„A ist die staatliche Münze Berlin", fuhr Alex fort.
„D das bayerische Hauptmünzamt München, J steht
für Hamburg, F ist Stuttgart und G …"
Wären sie allein, hätte sich Roswitha jetzt mit dem
Zeigefinger an die Schläfe getippt.
Eine Marotte, dachte sie, was für ein schrulliges
Hobby.
„Die Kunst des Sammelns besteht nun darin,
möglichst alte Eincentstücke aus möglichst
seltenen Prägeanstalten zu finden." Der Sammler
blickte triumphierend in die Runde und schaufel-
te das Klimpergeld in die Tasche zurück. Tattrig
fingerte er auf dem Tisch nach den viereckigen
Zuckertütchen und den Töpfchen Kaffeesahne zum
Aufreißen.

Die Kellnerin kam zum vierten Mal. „Dann nehm ich, hm, ja gut, also auch ein Glas Sekt bitte", rief Gertrud ihr hinterher. Das originelle Ergebnis langer Entscheidungsfindung.

Ihr Mann führte seine Kaffeetasse zum Mund, nahm den ersten Schluck, schrie entsetzt auf, drehte sich zur Seite und spuckte einen Mund voll auf die Straße. „Iiiigittt!!"

Zwischen den Stängeln der Geburtstagsrosen auf dem Tisch war das viereckige Tütchen „Florissima" mit weißem Düngerpulver herausgefallen. Alex hatte es für Zucker gehalten, aufgerissen und in seine Tasse geschüttet.

„Er ist so zerstreut", sinnierte Wolf-Rüdiger auf dem Heimweg in die Ferienwohnung.

„Er streut aber auch selbst", kicherte Roswitha, „nämlich Blumendünger in Kaffeetassen."

„Und Gertrud braucht für simple Entscheidungen immer länger. Werden wir zwei auch so eigenartig schrullig?"

„Ach was. Zerstreutheit und Verschrullung kommen erst im Alter."

Am Spielplatz weder Netz noch Bank

Keine Sitzbank, nirgends. Die Spielgeräte, Schaukeln, Klettergerüste, Holzhäuser, Rutschen und Wippen städtischer Spielplätze wurden immer zahlreicher – die Parkbänke drum herum immer weniger. So jedenfalls kam es Wolf-Rüdiger vor.

Drei Dutzend Zwerge, zwanzig Mütter, ein Opa, keine Bank.

„Hast du Netz?", rief eine Mutter der anderen zu.

Die jungen Frauen kauerten auf der Sandkastenumrandung und starrten ratlos auf ihre Handys.

Hätte Wolf-Rüdiger sich auch so hingesetzt, käme er nie mehr hoch.

„Geh doch mit Melanie zum Spielplatz bei dem schönen Wetter", hatte Roswitha vorgeschlagen. Wahrheitsgemäß hieß das: „Steh doch dort herum in der prallen Sonne."

Ein schattenspendendes Sonnensegel gab es nur über dem Sandkasten. Vom langen Stehen bekam Wolf-Rüdiger Rückenschmerzen.

Ja, er hatte Netz. Ein schweres Einkaufsnetz voller Ersatzklamotten, Tupperdosen, Äpfel und Bananen. Es hing an den Griffen des Buggys und war so schwer, dass der gerade nach hinten umkippte. Melanies Lieblingskekse kullerten in den Dreck. Sie brüllte vor Wut. Wolf-Rüdiger machte den Schnuller der Teeflasche sauber. Er ging mit der Enkelin zur Rutsche, hielt sich beim Hinaufsteigen am schnodderverklebten Handlauf fest, glitt mit ihr gemächlich hinunter und landete neben einem windellosen Kleinkind am Fuße der Rutsche, das gerade in den Sand pinkelte.

Eine Mutter, nein, offenbar die Oma, eilte herbei. Sie schnappte den kleinen Nackten, entschuldigte sich vielmals. „Macht ja nichts", lächelte

Wolf-Rüdiger und bemerkte, dass die alte Dame Stützstrümpfe trug. Bei der Hitze! Aber fürs lange Stehen am Rande parkbankloser Spielplätze war das wohl genau die richtige Sportkleidung. „Warum gelten Netzstrümpfe als erotisch, Stützstrümpfe aber nicht?", dachte Wolf-Rüdiger noch, verwarf den Gedanken aber sofort wieder.

Enkelin Melanie spielte jetzt mit Förmchen, Opa Wolf-Rüdiger saß daneben und spürte Sand in den Schuhen. Die Hüfte schmerzte, die Schulterblätter auch.

Am Amazonas hängt man Netze zwischen die Bäume, um darin zu schlafen, fiel ihm ein. Hängematten für Großeltern – warum war noch kein Spielplatz-Planer auf die Idee gekommen? Moritz Schreber (1808 – 1861) war Orthopäde an der Leipziger „Heilanstalt für Verkrümmte" und Reformpädagoge Ernst Hauschild (1808 – 1866) wollte gesundes Turnen für Mädchen fördern. Er gründete 1865 den ersten „Schreberplatz" im Stadtpark, wo sich Kinder aus engen Stadtwohnungen austoben durften. Und heute? Wo sich

Opas aus engen Mietskasernen aus*ruhen* dürften,
war ungeklärt. An den Spielplätzen ihrer Enkel
jedenfalls nicht.

Doch! Da! Endlich entdeckte Wolf-Rüdiger eine
Bank. Die eine, die einzige. Hinter dem Kletter-
baum. Fünf junge Männer, zwei kahl rasierte
Schädel, ein Haarknoten, ein Zopf und ein Vollbart,
saßen dicht an dicht beieinander. Sie wischten und
tippten mit rasenden Daumen auf ihren Smartphones herum.
Wolf-Rüdiger stapfte auf sie zu, als käme er aus der
Leipziger Heilanstalt für Verkrümmte. Freundlich
standen zwei auf: „Bitte, nehmen Sie Platz! Dies ist
die einzige Stelle, wo man hier Netz hat!"

Was soll das heißen?!

„Die FeG und die EfG gehören lokal zur ACK und überregional zur DEA, sind aber im Programm der ÖRK-Vollversammlung nicht so präsent wie die EKD."

Wolf-Rüdiger las laut aus der Kirchenzeitung vor. Seine erwachsenen Söhne machten Gesichter, als sei ein großes fremdes Insekt auf ihren Händen gelandet. „Was ist das denn?!"
„Nun", ihr Vater wollte jovial klingen, „die Freie evangelische Gemeinde und die Evangelisch Freikirchliche Gemeinde sind in der Arbeitsgemeinschaft Christlicher Kirchen und in der Deutschen Evangelischen Allianz, aber beim WCC-Kongress nicht ganz vorne dabei. World Council of Churches. Weiß man doch, so was."

Schweigen im Raum. Achselzucken. Tobias, 29, meinte, doch noch was zu wissen: „Und das Gegenstück zur EKD ist die KKK, die Konservative Katholische Kirche?"

„Nee, das wäre die Abkürzung für den Ku-Klux-Klan. Katholiken werden repräsentiert vom ZdK, dem Zentralkomitee der deutschen Katholiken, und geleitet werden sie von der DBK, der Deutschen Bischofskonferenz."

Wolf-Rüdiger grinste überlegen und neigte belehrend den Kopf. Der 34-jährige Johannes fühlte sich zum Gegenangriff provoziert: „Ok, Papa, dann testen wir mal *deine* Abkürzungskenntnisse: Was bedeutet mRNA-Impfstoff und wieso heißt ein QR-Code QR-Code? Wofür stehen mp3, pdf, jpg, WLAN, WiFi und 5-G-Netz, na? Na?"

Wolf-Rüdiger grübelte: „WLAN heißt Wireless Lan. Irgendwas Drahtloses." Eine Erklärung war das nicht.

„Sagt man komischerweise aber nur in Deutschland. Alle anderen sagen Wi-Fi", räumte Tobias ein, was die Sache nicht plausibler machte.

Sein Vater wehrte sich: „Auf der Verpackung der weißen, nasendichten FFP-2-Masken steht ‚Particle Filtering Half Mask‘. Also müssten sie doch PFHM–Masken heißen, oder? Und wieso Zwei und nicht Drei oder Vier?"
„Vielleicht, weil's ja auch CO_2 heißt und nicht drei oder vier", wagte Tobias zu fragen. Sein Bruder warf sich lachend ins Sofakissen.

Roswitha betrat das Wohnzimmer, die Werbebroschüre ihres Autohändlers in der Hand. Seit Monaten wollten sie auf ein E-Auto umsteigen. „Kein Mensch fragt mehr ‚warum?'", warf sie ein. „Du übernimmst alles ungefragt. Hier …", sie blätterte im Autoprospekt, „der digitale Autobahn-assistent" heißt HDA und die navigationsbasierte Geschwindigkeitsregelanlage heißt NSCC! Wen juckt's?"

„Wow, der Megabegriff für Scrabble-Spieler", lachte Johannes.
„‚Navigationsbasierte Geschwindigkeitsregelanlage' hat 46 Buchstaben, sechsundvierzig!! Wahnsinn."

„Deshalb gibt's ja Abkürzungen", erwiderte Mutter Roswita. „Also, ich geh jetzt in die Küche. Bei euch hier ist mir zu viel C-19-H-28-O-2 in der Luft."
Sie wendete sich zum Gehen. Das dreistimmige „Hä?" ihrer Männer hatte sie erwartet.
„Das chemische Kürzel für Testosteron!", rief sie über die Schulter.

Heimatluft-Kompressor

*So lautete der Aufkleber auf seinem Knopfakkordeon.
Der Mann im hellblau gestreiften Fischerhemd,
dessen rotes Halstuch über der riesigen „Quetsch-
kommode" hervorleuchtete, spielte hinreißend
virtuos.*

Er saß in der Fußgängerzone und knurrte alte
Filmschlager in seinen weißen Fünftagebart, als
eine Art Hans-Albers-Imitator. „Komm auf die
Schaukel, Luise", „Auf der Reeperbahn nachts um
halb eins" oder „La Le Lu, nur der Mann im Mond
schaut zu".
Waren es diese Melodien oder der schiere Klang
des „Schifferklaviers", warum Roswitha und
Wolf-Rüdiger näher kamen und stehen blieben?
Sie meinten Möwengeschrei, tutende Schiffshör-

ner und pfeifenden Wind zu hören. Sie glaubten Schlick, Seetang, Motorenöl und Fischbrötchen zu riechen. Dort, mitten auf der Kärntner Straße in Wien, unweit des Stephansdoms!

Die beiden hatten eine Städtereise in Wien gebucht. Mit Café Demel, Prater und Sachertorte, mit Walzerkönig Strauß und allem Sissi-Rummel.

„Heimat! Heimweh!", seufzte Roswitha und hakte sich bei ihrem Mann unter.

„Na ja …" Wolf-Rüdiger wollte ihren plötzlichen Anflug von Zärtlichkeit nicht bremsen, aber sooo hamburgisch waren sie objektiv beide nicht. Seine Großeltern waren aus Pommern nach Schwaben geflohen, seine Eltern hatten in Franken und Ostfriesland gelebt. Roswithas Vorfahren, burgundische Hugenotten, siedelten in der Eifel und im Bergischen Land. Nur kennengelernt hatte er Roswitha in Hamburg. Aber eher zufällig, während des Studiums.

Der Akkordeonmann intonierte jetzt „Heimat, süße Heimat, wann werde ich dich wiedersehn". Roswitha summte mit und schunkelte ein bisschen.

„Je weiter die Heimat weg ist, umso leichter lässt sie sich besingen", warf Wolf-Rüdiger ein. „Das ist wie mit einer alten Mutter. Sie zu loben ist das eine, mit ihr zu leben ganz was anderes."

Jetzt schunkelte Roswitha nicht mehr. „Wie kommst du denn da drauf?!"
„Weil sich das Heimweh nach Orten und Umständen sehnt, die schon früher nicht so toll waren, wie man sie heute erinnert. Die Landsmannschaften, die Nachfahren der Schlesier oder Ostpreußen, wollen die ernsthaft nach Polen zurück? Will ein türkischstämmiger Software-Entwickler wirklich lieber Schafhirte in Anatolien sein? 20 % aller Deutschen haben einen Migrationshintergrund, dabei haben die 80 % sogenannten ‚gebürtigen' Deutschen meist auch einen. Nimm nur unsere beiden Familien. Heimatgefühl ist größtenteils Nostalgie, glaub mir!"
Roswitha wollte widersprechen. Wie hatte sie geweint, als sie das Kinderbuch „Heidi" von Johanna Spyri gelesen hatte oder den Filmklassiker

„Heimweh" gesehen, in dem die Colliehündin
Lassie mit blutenden Pfoten nach Hause findet!

Der Akkordeonspieler stoppte mitten im Lied. Die
Balgen seines „Heimatluft-Kompressors" ließen
einen absteigenden Tonseufzer fahren. „Do homs
recht", sagte der Musiker mit der Prinz-Heinrich-
Mütze in breitestem Österreichisch! Roswitha und
Wolf-Rüdiger stockte der Atem.
„Sie sind gar nicht von der Waterkant??"
„Naa, i bin a Steirer. Steiermark. Graz, verstehen's?"
Hans Albers oder Heinz Rühmann zu imitieren
sei lukrativer, erklärte er, und konkurrenzloser.
Hier, wo alle Straßenmusiker besonders wiene-
risch wirken wollen. „Heimat …", nuschelte er
und packte sein Akkordeon ein, „… ist da, wo du
geliebt wirst. Und gewollt bist. Und dich verstan-
den fühlst."
Da hakte sich Roswitha wieder bei Wolf-Rüdiger
ein, kuschelte sich geradezu an ihn und seufzte:
„Dann bist du meine Heimat. Egal, wo wir sind."

Mir heis zfride wie ne Moore

Roswithas Schwester Liliane hatte zu einem „Alte-Mädels-Treff" eingeladen, wie Wolf-Rüdiger erleichtert feststellte. Ohne ihn also, zum Glück. Ins hübsche Städtchen Romanshorn am Schweizer Ufer des Bodensees, wie Roswitha besorgt feststellte. Wo dort doch alles so teuer und so digitalisiert war.

„Am Bahnhof nur Ticketautomaten, im Zug zeigt man nur das Smartphone, im Supermarkt nur Selfscanner an der Kasse – also mir ist die Schweiz zu modern", stöhnte sie, fuhr aber natürlich hin. Mit der Fähre. Mit Tante Lilli. Mit strengem Blick auf die Preise im Café.

„Muesch fangs alls selber mache", zuckte eine von Lilianes Freundinnen mit den Schultern. „Musst du. Nur online buchen solltest du von hier aus nix", fügte sie in Schriftdeutsch hinzu. „Wieso nicht?", Roswitha war irritiert.

„Weil die Algorithmen merken, dass du aus der Schweiz eingeloggt bist, und dir nur das Teuerste anbieten."

Liliane war noch schockierter als ihre Schwester Roswitha. Wie oft hatte sie die Schweiz als Paradies gerechter Gleichbehandlung aller Menschen gelobt! Erst recht, wenn Wolf-Rüdiger maulte, ihm sei die Schweiz zu altmodisch. Hatte nicht eben noch ihre Freundin aus Bern beim Begrüßen drei „Chüssli" – links, rechts, links – auf die Wangen verteilt und damit alle lästigen Abstandsregeln lässig ignoriert?! „Mir heis zfride wie ne Moore", sagte sie jetzt lachend und beugte sich in eine riesige Einkaufstasche unter dem Tisch. „Das heißt ‚wie die Sau'", übersetzte Tante Lilli in Roswithas Richtung. „Also positiv, verstehst du? Saumäßig zufrieden."

Die Bernerin kramte einen Karton Schokoküsse aus der Tasche und verteilte je zwei auf die Teller der Damen. „Ich war heute Vormittag in Lindau drüben. Wenn wir Schweizer echte Schweizer Spezialitäten kaufen wollen, fahren wir nach Deutschland. Ist einfach billiger." Wieder lachte sie glockenhell und biss genüsslich zu.

„Mohrenkopf", las Roswitha laut von der Verpackung vor, hörbar entgeistert.

„Ja, geht's noch! Alle Welt bemüht sich um eine nichtrassistische Sprache und ihr nennt eure Schokoküsse immer noch …?" Es wurde frostig am Kaffeetisch.

„Das sind", warf Liliane schrill ein, „Waffeln mit Zuckerschaum drauf, Luft drin und Schokolade drum herum, mehr nicht!" Demonstrativ energisch mampfte sie einen und hatte jetzt ein schmales Oberlippenbärtchen aus Schokolade.

„Na ja", beschwichtigte die zweite Freundin aus Helvetien, „die Migros-Supermärkte haben die Dinger deshalb aus dem Sortiment genommen. Jedenfalls die vom Dubler aus dem Aargau. Andere Hersteller sagen jetzt ‚Schoggichöpf', von mir aus." Das Kaffeekränzchen schwieg zweisprachig.

Man kaute „Mohrenköpfe", also korrekt eigentlich „Schoggichöpf", trank original Schümli fürs doppelte Geld und dachte über Rassismus nach. Oder über die Digitalisierung. Oder über Dinge, die es nicht mehr gibt. Papierne Fahrkarten, Zugschaffner mit Zange, Münzen an Ladenkassen. Vielleicht gab's ja nicht mal Wilhelm Tell wirklich, dachte Roswitha.

„Saumäßig schön hier mit Lilli und ihren Freundinnen", appte sie ihrem Mann nach Hause und zitierte die zufriedene Bernerin: „Mir heis zfride wie ne Moore." Wolf-Rüdiger rätselte lange, welche Mohren dabei gewesen sein könnten.

Schamröte bei Sommerhitze

Es wurde ja nicht mal abends kühler. Sie hatten weder Kosten noch Mühen gescheut, in ihrem Garten Susanne und Herbert mit Grillgut zu bewirten.

Wolf-Rüdiger hatte keine Kosten gescheut – es lagen Rindersteaks und Lammkoteletts bereit – und Roswitha keine Mühen – Kissen auf den Sitzflächen, Decken über den Stuhllehnen, Strickjacken in Griffnähe. „Falls es abends kühler wird." Kühler wurde es aber nicht. Roswitha klebte die durchgeschwitzte Bluse so feucht auf der Brust, dass sie Sorge hatte, man könne was sehen. Wolf-Rüdiger sah ohnehin aus wie geduscht. Roch nur nicht so.

„So ein Elektrogrill zieht doch viel Strom, oder?",
fragte Susanne.

„Nö, wieso?" Das Fleisch auf der heißen Fläche
zischte und brutzelte. Oder waren das Wolf-Rüdigers Schweißperlen, die ihm von der Nasenspitze
tropften?

„Na, ich musste dem Stromableser neulich noch
50,– € zahlen."

„Einem Stromableser?!" Roswitha goss ihren Gästen
handwarmen Sekt in die Gläser.

Die Eiswürfel im Kühler waren blitzschnell getaut.

„Ja, der Herr vom Elektrizitätswerk. Erst wollte er
den Sicherungskasten in der Wohnung sehen, dann
den Zähler im Keller und da unterschrieb ich seine
Checkliste. Machte 50,– €. Cash inne Täsch."

Susannes Mann, Herbert, wurde rot. Er wollte
gerade allen zuprosten und sich für die Einladung
bedanken, wurde aber übertönt.

„Du hast waaas??"

„Susanne! Stromableser kamen ins Haus, als Kohl
noch Kanzler war." Schlagartig erschallte wildes
Geschnatter wie auf einem Vogelfelsen im Meer.

„Das war ein Betrüger!" – „Das ist ja noch dreister

als der Enkeltrick am Telefon!" – „Fünfzig Euro, pah!"

Susanne verstummte beschämt. Roswitha legte ihrer Freundin die Hand auf den nass glänzenden Arm. „Hör mal, Liebes: Man bekommt eine Mail vom Energieversorger, liest den Zähler selber ab und gibt den Verbrauch ganz einfach online ein. Kostet nix."

Drei Wörter: „Ganz einfach online." Sie trieben Susanne jedes Mal die Zornesröte ins Gesicht. Weil der Satz mehrere Demütigungen enthielt: Der Laptop tat nicht, was sie wollte. Das Programm reagierte nicht, wie es sollte. Kinder und Enkel spotteten, das Problem läge nicht am Rechner, sondern sitze immer davor. Und wenn ein alter Mensch seinem Ärger Luft machte, erntete er mitleidiges Kopfschütteln. Digitalisierungsdepp sein war noch blöder als Wutbürgerdepp sein.

„Also, manchmal mache ich mir Sorgen um unsere Werte", sagte Herbert nachdenklich und strich sich dick Kräuterbutter auf sein Grillsteak.

„Die christlichen?", fragte Wolf-Rüdiger. „Die zehn Gebote, du sollst nicht stehlen, nicht lügen und so? Oder die demokratischen, die bürgerlich-konservativen?"

„Nee, die Cholesterinwerte." Er lächelte versöhnlich zu Susanne hinüber, Roswitha hob ihr Glas und rief: „Ein Hoch auf den Blutdruck!"

Aber ob der mit der Sommerhitze stieg, wusste sie auch nicht.

Das „würde" des Menschen ist unersetzbar

Wenn Wolf-Rüdiger an goldenen Oktoberabenden, zur blauen Stunde bei lauen Lüftchen, im Garten mit seinen Söhnen Tobias und Johannes diskutierte – sie waren 29 und 34 –, hörte es sich für die Nachbarn an wie eine Deutschstunde zum Konjunktiv, der grammatikalischen Möglichkeitsform:

„Jenny meint, nach dem Bachelor nicht weiterzumachen ist Quatsch", erzählte Tobias von seiner Freundin. „Sei Quatsch", verbesserte Wolf-Rüdiger. „Indirekte Rede. Sie meint, es sei Quatsch. Konjunktiv."
„Aber würde sie an der Uni Melbourne die Zulassung bekommen und nach Australien

umziehen, dann …" „… bekäme sie die Zulassung, zöge sie um und machte sie dort den Master", unterbrach ihn sein Vater sprachkorrigierend, „ihr immer mit euerm unbeholfenen würde, würde, würde!"

Tobias ließ sich nicht ablenken: „Was wäre dann?"

„Wäre oder würde?", fragte Johannes grinsend dazwischen und schaute seinen Vater an. „Während sie dort studieren würde, ich meine, wäre sie dort – was würde dann aus den beiden? Wenn Jennys Bachelor in Australien gilt?"

Jetzt musste Papa Oberlehrer kurz nachdenken. Nicht über das Schicksal seiner eventuellen Schwiegertochter, sondern über den Konjunktiv von „gelten".

„Gölte ihr Abschluss auch dort, dann …"

Er stockte. Johannes bemerkte Vaters Unsicherheit sofort: „Dann güldete ihr goldiger Bachelor auch an Australiens Goldküste?" Er grinste.

Tobias fühlte sich nicht ernst genommen: „Hört doch mal auf! Wenn Jenny das Ziel hat, immer den kürzesten Weg zu nehmen, bleibt sie hier und geht als Praktikantin zu …" Wolf-Rüdiger konnte es nicht lassen: „Hätte sie dieses Ziel und nähme den leichtesten Weg, dann bliebe sie hier und ginge in ein Praktikum …"

Tobias' älterer Bruder drehte den Korkenzieher in die Weinflasche und ächzte. „Der Weg ist das Ziel, oder was?" Plopp, geschafft.

„Bei meinen Kollegen in der Firma steht das Ziel meist nur im Weg …", sagte er, während er seinem Vater das erste Glas einschenkte, „… und wer nicht weiß, wo er hinwill, ist schon am Ziel, würde ich mal sagen."

Tobias war von der Spottlaune der beiden irritiert und wollte zum Thema zurück. „Findest du, Jenny flieht vor der Herausforderung hier?"

„Fändest du, sie flöhe?", wiederholte Johannes die Frage ironisch. Jetzt lachten alle drei und hoben versöhnlich ihre Gläser. „Auf die Flöhe!"

„Psalm 139, Vers 9!", nickte Wolf-Rüdiger. „Nähme sie Flügel der Morgenröte und flöge bis ans äußerste Meer …"

„Luther konnte Konjunktiv, stimmt's?", fragte
Tobias.

„Und wie", Wolf-Rüdiger lehnte sich zufrieden
zurück. „Kannste Jenny ausrichten mit schönen
Grüßen von mir: Was hülfe es dem Menschen,
wenn er die ganze Welt gewönne und nähme doch
Schaden an seiner Seele? Matthäus 16, Vers 26.
Gilt auch für ehrgeizige Studentinnen."

Namhafte Frauen

Als der Pastor drei Wochen Urlaub hatte, zwei
Wochen krank war und danach zur Kur an die
Nordsee ging, stand acht Sonntage hintereinander
„Kanzelvertretung" im Gottesdienstplan. Weil im
Sommer alle weg sind? Weil eh nur die Zurück-
gebliebenen zuhören?

Jedenfalls predigten erst drei junge Vikarinnen,
deren moderne Vornamen sich Wolf-Rüdiger nicht
merken konnte, Lefke, Lunasofia, Yune oder so.
Dann ein alter Ex-Dekan, der sich das Thema nicht
merken konnte, dann eine Therapeutin, deren
reiche Erfahrung man merken sollte, und schließlich Roswitha selbst. Die Ehrenamtliche, die allseits
beliebte.

In einem viel zu warmen Kostüm, lampenfiebrig und leise, predigte sie über „Jesus und die Frauen". Dass er 70 Jüngerinnen und Jünger in die Mission berief (Lukas 10, Vers 1), sich in seiner Zeit und Kultur skandalös wertschätzend gegenüber Frauen verhielt (Johannes 4 und 8, Lukas 7 und 8) und eng mit Single-Frauen befreundet war (Johannes 11, Vers 5). Dass die ersten Zeuginnen der Auferstehung Frauen waren (Johannes 20), die erste Gemeinde Europas in der Modeboutique von Lydia entstand (Apostelgeschichte 16, Vers 14 ff.), die Apostelin der Gemeinde Kenchräa eine gewisse Phoebe war (Römer 16, Vers 1), über die mutige Beinah-Märtyrerin in Rom namens Priscilla (Römer 16, Vers 3) und die leitenden Ehrenamtlichen dort, Persis und Junia (Römer 16, Verse 12 bis 15).

Wolf-Rüdiger war stolz auf seine Frau. So viele Bibelstellen, ganz ohne Powerpoint!
Die anderen alten Männer nickten ihm anerkennend zu. Am Ausgang klopften ihm einige sogar auf die Schulter. Ihm. Nicht ihr.

Eiskalt abgeduscht wurde Wolf-Rüdigers som-
merwarme Ehezufriedenheit von zwei Frauen
mit altmodischen Vornamen. Hedwig und Helga
oder Margarete und Mathilde, meinte er sich zu
erinnern.

„Einer Frau gestatte ich nicht, dass sie lehre!",
zischte die erste. „Sie wird gerettet werden dadurch,
dass sie Kinder zur Welt bringt, wenn sie bleiben
mit Besonnenheit im Glauben und in der Liebe
und in der Heiligung. 1. Timotheus 2, Verse 12 bis
15!", ergänzte die zweite über den Rand ihrer hoch
erhobenen Kaffeetasse hinweg.

Während Wolf-Rüdiger noch verdattert überlegte, ob
der Lebensstil seiner erwachsenen Söhne besonnen
und heilig sei, trat Schwester Mechthild dazwischen, die Diakonisse. In gewohnt schneidendem
Tonfall: „Damit widersprach Paulus seinem eigenen
Grundsatz: Der Mensch werde ‚allein aus Glauben‘
vor Gott gerechtfertigt, Römer 3, Vers 28!"

„Hui", dachte Wolf-Rüdiger. „Wo ist Roswitha? Das
müsste sie miterleben hier!"

„Paulus sagt doch, im Reich Gottes spiele ‚nicht
Mann noch Frau, nicht Jude noch Grieche‘ eine

Rolle, Galater 3, Vers 28!", bellte Schwester
Mechthild weiter. Ihre gestärkte weiße Haube
zitterte. Die Kritikerinnen wandten sich zum Gehen.

„Kennst du Antoinette?", fragte Roswitha am
Abend dieses fraulichen Sommersonntags. Da
nickte Wolf-Rüdiger schon. „Marie Antoinette,
die herzlose Herrscherin Frankreichs?"
„Nee, Antoinette Brown, die erste evangelische Pfarrerin
der USA. Wurde am 15. September 1853 ordiniert."
Wolf-Rüdiger staunte und leerte sein Glas. „Ist spät
geworden", gähnte er. Jetzt nickte Roswitha, meinte
aber die letzten 170 Jahre.

Verständigungs-
wunderprediger

*Es war vorhersehbar gewesen, dass im November
2019 alle Kirchen der Stadt irgendwas zu „30 Jahre
Wunder der Wende" veranstalten würden. Eine
Feierstunde, eine Vortragsreihe, einen Dankgottesdienst, so was in der Art.*

Trotzdem kam für Wolf-Rüdiger und Roswitha
die Frage ihres Pastors überraschend: „Welchen
Vortragsredner, welche Rednerin könnten wir
zum Thema Mauerfall '89 einladen? Einen, der
auch die Rolle der Christen würdigt, der von
Kerzen und Gebeten erzählt und mehr so das
Geistliche …"

„Der oder die aber auch die neuerliche Entfrem-
dung voneinander thematisiert", unterbrach ihn
Roswitha.

„Ja, aber halt für Verständigung und christliche
Werte eintritt", ergänzte der Pastor.

„Hm", machte Wolf-Rüdiger. „Da gäbe es als
kompetenten Zeitzeugen den … den, wer war
das noch, wie heißt der gleich … der, der Dings."
Sein Gedächtnis befolgte gerade die allseits
empfohlene Entschleunigung.

„Christian Führer von den Leipziger Friedens-
gebeten ist tot. Hans-Dietrich Genscher vom
Balkon in Prag auch", überlegte Roswitha. „Joachim
Gauck und Wolfgang Thierse sind bestimmt aus-
gebucht. Aber Manni Kabulske könnte doch was
sagen! Der hat damals mit dem evangelischen
Posaunenchor vor dem Stasi-Gebäude ‚Wer nur
den lieben Gott lässt walten' geblasen."

Wolf-Rüdiger war skeptisch. Kabulskes Posaunenchor hatte den Choral auch dann gespielt, als man
die Kollekte für einen Blitzableiter am Kirchturm

sammelte. „Wer nur den lieben Gott lässt walten"
war da textlich im Grunde das Gegenteil. Manni
war 1,63 Meter klein, dirigierte übertrieben pathe-
tisch, stand meist auf den Zehenspitzen und bei
jedem Fortissimo machte er zackig militärische
Hüpfer. „Fortgeschrittener Blaskapellismus", hatte
Roswitha damals gewitzelt.

„Oder mal ganz was Exotisches?", fragte der Pastor.
„Einen westdeutschen Referenten? Oder einen
katholischen?"
„Oder eine Frau?!", warf Roswitha ein. Das
Planungstrio verschickte Anfragen und bat um
Themen.
„Spiritualität ignatianischer Exerzitien im Nach-
wende-Deutschland", schlug der Abt eines Klosters
vor, „Gender Mainstreaming – für DDR-Frauen
kein Problem" eine evangelische Pfarrerin. „Wir
sind heute unterdrückter als früher!", war der
Themenvorschlag eines pensionierten Schulrektors
mit AfD-Nähe.
„Dann lieber Posaunenwart Kabulske", stöhnten
Wolf-Rüdiger und Roswitha. Der Pastor nickte.

Es wurde ein ganz wunderbarer Gedenk- und Dankgottesdienst. Laienprediger Manni las aus Apostelgeschichte 2, Verse 9 bis 11 vor und zählte die 17 verschiedenen Sprachgruppen auf, die dem Petrus am ersten Pfingstfest zuhörten und die ihn dank des Heiligen Geistes alle verstanden. „Wir, die Christenheit", sagte er und stellte sich auf die Zehenspitzen, „sind von Stunde null an ein multikultureller Haufen. Nicht erst seit 30, nein, seit 2000 Jahren! Der Posaunenchor spielt jetzt ‚In Christus ist nicht Ost noch West'. Amen."

Müll-Mysterien

„Auch mal den Müll rausbringen" – vor 40 Jahren genügte das als Beweis männlicher Mitarbeit im Haushalt.

Heutzutage, positiv gegendert, kaufte Wolf-Rüdiger selber ein, sorgte für artgerechte Gemüselagerung, plante die Vorratshaltung, konnte kochen und die Küche sauber hinterlassen. Zumindest so, wie ein Mann sie sauber fand.

Und er konnte den Müll sowohl trennen als auch korrekt „rausbringen". Das war nicht selbstverständlich, das ist eine Wissenschaft. Denn:

Das 156-seitige „Müll-ABC" des Landkreises, in dem er stöhnend blätterte, nannte zahllose Entsorgungsorte, Abhol- und Leerungstermine für praktisch alles. Von Alteisen und Altholz, Batterien

und Bauschutt über Glas und Grünschnitt, Karton
und Kompost, Laminat und Leuchtstoffe, Metalle,
Papier und Restmüll bis zu Zahngold und Zement-
resten.

Geleert wurde:

Alle zehn Tage montags die gelbe Tonne für Plastik,
vierzehntägig dienstags die schwarze für Hausmüll,
dreiwöchig mittwochs die blaue für Papier, ab und
zu freitags die braune für Kompost. Außer in den
Schulferien, an ungeraden Tagen, in Kalender-
wochen mit Feiertagen und in Monaten mit „r".
Nicht geleert wurden Tonnen, die in Sackgassen,
Tiefgaragen oder zugeparkten Carports stehen.

„Soll ich dir sagen, was ich denke?", seufzte Wolf-
Rüdiger über dem Müll-ABC.
„Gern. Viel wird's ja nicht sein", nickte Roswitha.
Ihre Gereiztheit begann heute früh, als kurz nach
sechs vor dem Schlafzimmerfenster der Müllwagen
donnernd die Tonnen entleerte, um sieben Uhr
einige Nachbarn sie ebenso polternd hereinhol-
ten und um halb acht irgendwer laut rief: „Wieso
heute?!" Entnervt war Roswitha aufgestanden.

„Der Kompost ist festgefroren", sorgte sich Wolf-Rüdiger beim Blick hinaus auf raureifweiße Hausdächer. „Die haben den feuchten Mist höchstens halb geleert."

„Besser als im heißen Sommer", konterte Roswitha.

„Der Gestank und die Madenexplosion! Wer wischt denn die eklige Patsch-Tonne aus, wenn sie leer ist, hm? Ich, immer ich!"

„Nein, einmal auch ich …", protestierte Wolf-Rüdiger, weil er todesmutig diese unangenehmste aller Haushaltspflichten erledigt hatte. Roswitha unterbrach: „Ja, aber das war die von Meiers nebenan!"

„Was?!"

„Du hattest unsere schlicht vergessen rauszustellen."

„Kann Tonnen-Verwechslung auch ein Zeichen tätiger Nächstenliebe sein?", überlegte Wolf-Rüdiger. Wo er doch offenbar Meiers Komposttonne gesäubert hatte.

Da! Von draußen hörten sie Bremsenquietschen, einen dumpfen Schlag, dann eine Autotür, die zugeschlagen wurde. Beide sprangen auf, traten

ans Fenster und starrten auf die Straße hinunter.
Tatsächlich, ein bulliger SUV hatte eine gelbe
Tonne umgefahren, die Straße war mit Plastikmüll
übersät. Nachbarin Meier, im edlen Wintermantel,
stand sichtlich wütend vor dem Kladderadatsch
und ruderte mit den Armen.

„Warum die gelben?", staunte Wolf-Rüdiger.

„Und warum noch voll?", wunderte sich Roswitha.

„Heute früh weckte mich doch das Rumpeln …"
Frau Nachbarin auf der Straße klaubte gebückt
und eilig den Müll zusammen. „Unsere Tonne ist
das nicht", meinte Roswitha. „So blöd halb auf
die Straße würde ich die nie rausstellen!"

„Und wenn doch, dann wären wir ja quitt, die
Meiers und ich", brummte Wolf-Rüdiger.

Wortfindungsstörungen

*Es gab ihn immer noch. Den Weihnachtsbasar im
Gemeindehaus. Roswitha fand das erstaunlich.*

Einerseits war es rührend, was da an selbst ge-
backenen Keksen in herzallerliebst dekorierten
Tüten feilgeboten wurde, welch filigran gebundene
Trockenblumenkränzchen, Rentiere aus Blumen-
draht, selbst gemalte Grußkarten und ausgelesene
Romane man erwerben konnte. „Andererseits ist
es im Grunde eine Art Schrottwichteln", spottete
Wolf-Rüdiger, „nur eben gegen Bezahlung." „Aber
für einen diakonisch-missionarischen guten
Zweck!", protestierte Roswitha. Gerade deshalb
traten beide nach dem Gottesdienst ins Gedränge
des Foyers, ins Gewusel und Stimmengewirr
kauflustiger Freunde und Bekannte.

Wolf-Rüdigers alter Freund Herbert humpelte herbei, wegen seiner Knochenkrankheit leicht gebückt, und hielt ein Fleischmesser hoch. „Von Meiers! Plus Bratspieß und Grillanzünder. Die sind ja jetzt Veterinäre geworden."

„Du meinst, Vegetarier."

„Jaja. Die essen kein Fleisch mehr. Veteranen eben."

„Veteranen sind Männer, die früher beim Militär waren."

„Echt? War der alte Meier das?"

Als er auch den Bratspieß in die Hand nahm, stieß er dabei einen hohen Messingkerzenständer mit vier brennenden Kerzen um! Ein Stapel Servietten auf dem Tisch daneben fing sofort Feuer, zwei Damen stürzten herbei, Roswitha leerte blitzschnell ihre Kaffeetasse über die Flammen. Ein Glas Kinderpunsch obendrauf löschte den kleinen Brandherd. Puh, noch mal gut gegangen.

„Auf dem Schulhof unseres Enkels hat neulich ein Papierkorb gebrannt", erzählte Herbert, „da war wohl ein Pygmäe an der Schule."

„Du meinst ein Pyro …, na, wie heißen die …"
„Pyrotechniker?"
„Nee. Das sind die Jungs, die Show-Effekte mit
Feuer machen. Krankhafte Brandstifter nennt
man …" Wolf-Rüdiger dachte an die Pyrenäen,
aber das war es nicht.
Roswitha kam gerade mit einem hohen Holz-
gegenstand dazu: „Pyramiden!"
Die Männer schüttelten die Köpfe. „Doch! Da
hinten haben sie Weihnachtspyramiden. Echte, aus
dem Erzgebirge. Für unter 100,– €!"
„Wieso Pyramide?", fragte Herbert. „Das ist eine
Windmühle, deren Rotoren sich halt waagerecht
drehen, um die Wärme der Kerzen im Raum zu
verteilen."
„Was Wärme im Raum verteilt, sind Radiatoren",
korrigierte Wolf-Rüdiger.
Roswitha hob das sächsische Schnitzwerk vors
Gesicht und lachte: „Und die Figürchen zwischen
den Kerzen sind Rotarier oder was? Unsinn, das
ist eine Weihnachtspyramide.
Pyr-a-mide !"

Als sie spätabends im Bett nebeneinanderlagen –
Roswitha las einen Roman, den sie für einen Euro
vom Basar mitgebracht hatte –, sagte Wolf-Rüdiger:
„Der arme Herbert hat Rückenschmerzen. Wegen
seiner Osterode."
„Das ist eine Stadt im Harz. Du meinst Osteo-
porose", verbesserte ihn Roswitha und gähnte.
„… glaubst du, er wird langsam dement?"
„Nö, wieso?"
„Er hat so oft Wortfindungsstörungen."

Alle sind gut drauf und munter

„Zwischen den Jahren", wie sie die Tage von Weihnachten bis zum 6. Januar nannten, prasselte der Bilderregen besonders heftig.

WhatsApp, Facebook und Instagram meldeten minütlich die Ankunft neuer Bilder und Videos, dabei wollte Wolf-Rüdiger den Keller entrümpeln und Roswitha den Kleiderschrank ausmisten.

„Müllers hatten Lammkeule", rief Wolf-Rüdiger von unten.

„Die Kinder sind beim Italiener", rief Roswitha von oben zurück.

„Meiers sitzen draußen, in den Sanddünen", ergänzte ihr Mann.

„Wo um alles in der Welt kann man jetzt …?",
rätselte Roswitha. Draußen, also offline, rüttelte ein
eisiger Winterwind an den Fenstern.
„Maspalomas!", keuchte Wolf-Rüdiger, als er die
Treppe hochkam. „Meiers sind in Maspalomas auf
Gran Canaria. Guck mal, schön, ne?"

Da fiel es Roswitha zum ersten Mal auf.
„Niemand schickt Selfies, wenn's ihm schlecht
geht." Hüftsteif humpelte sie zum Sofa und
stopfte zwei Kissen hinter ihren Rücken, wegen
der Bandscheiben. „Auf Facebook posten alle nur
Erstaunliches, Witziges oder Schönes. Gesund-
und Muntersein wird quasi vorausgesetzt."
„Na, und?", brummte Wolf-Rüdiger und goss
Kamillentee in ihre Lieblingstasse, gegen die
aufkommende Grippe. „Auf der Intensivstation
kannst du dich halt nicht mit der Selfie-Stange
knipsen."
„Alle haben wahnsinnig Spaß, sind gesund und
verwirklichen gerade ihren Traum von …"
„Selig sind die Schlafwandler", unterbrach sie ihr
Mann, „denn sie folgen wirklich ihren Träumen."

„Ich meine es ernst, Wolf-Rüdiger. Shitstorms
und Mobbing finden überall statt, in E-Mails,
auf Twitter und allen anderen asozialen Medien.
Ansonsten aber, mehrheitlich jedenfalls, herrscht
eitel Sonnenschein. Ich finde das unehrlich und
angeberisch, du nicht?"

Wolf-Rüdiger holte Mozzarella und Tomaten aus
dem Kühlschrank und nahm ein kleines scharfes
Messer aus der Schublade. „Das war früher nicht
anders, als wir noch Papierfotos in Alben klebten.
Haben wir uns in den schlimmsten Ehekrächen
beim Heulen und Anschreien fotografiert? Nee!
Siehste."
Ein gellender Schrei beendete ihr Gespräch. Wolf-
Rüdiger war mit dem Messer an der glatten Toma-
tenschale abgerutscht. Blut tropfte auf die weißen
Mozzarella-Scheiben. Hektisch suchte er überall
nach Heftpflaster, bis die Griffe und Schubladen-
fronten der Küche aussahen wie der Tatort eines
Massakers.
Roswitha wäre gern aufgesprungen, aber wie gesagt,
ihre Rückenschmerzen …

Mit dramatisch verbundenem Daumen setzte sich ihr Mann schließlich neben sie und schob ihr Smartphone zur Seite. „Kein Wort davon zu den Kindern, okay? Und erst recht kein Bild!"

Wovon leben die?!

„Auseinandergelebt" wäre übertrieben gesagt. Sie waren lediglich „aufeinandergeprallt".

Nach den Weihnachtsfeiertagen mit der quirligen Verwandtschaft, nach der Silvesterfreizeit mit der wuseligen Gemeinde befiel beide meist ein tiefes Bedürfnis nach Alleinsein. In den stillen, grauen Januartagen vergrub sich Roswitha gern in Romane und Biografien. Wolf-Rüdiger beugte sich über Steuererklärungen, seine eigene und die seiner alten Eltern. Begegneten sich die zwei dann zufällig an Kaffeemaschine oder Kühlschrank, trafen Staunen und Zweifeln, Traum und Wirklichkeit hart aufeinander.

Roswitha zum Beispiel staunte, was in den Klappentexten ihrer neuen Bücher über die Autorinnen stand: „Soundso lebt mit ihren fünf Kindern in Paris und München" oder

„Frau XY arbeitet als Märchenerzählerin" oder

„… studierte Philosophie und Kunstgeschichte, bevor sie sich in der Provence niederließ".

Wolf-Rüdiger zweifelte das an. Nein, er tat es rundweg ab: „Alles Quatsch! Was hat das Buch gekostet? 14,99 €? Soso. Und davon bezahlt die eine Wohnung in Paris und eine in München?"

„Die lebt halt ihren Traum!", protestierte Roswitha.

„Die hat nicht Industriekauffrau bei Knick & Co. gelernt und ist dann Verwaltungsbeamtin geworden, sondern …"

„Das wäre aber besser für die Altersvorsorge!", unterbrach ihr Mann sie.

„Meine Mutter kriegt 162,– € im Monat für die drei Kinder, die sie großgezogen hat. Ohne Papas Betriebsrente aus 45 Jahren treuer Maloche wäre sie jetzt …"

„Krämerseele!", fauchte Roswitha und verschwand ins Wohnzimmer.

Sie hatte sich vorgenommen, im neuen Jahr abzunehmen, alles langsamer anzugehen, ihren Traum zu leben, statt nur Träume zu hegen. Sie hatte sich vorgenommen, mehr Vision zu leben, mehr bewusstes Genießen zu üben, also, wie soll man sagen, ja, alles intensiver halt. Aber stressfrei natürlich, klar. Mehr loslassen und so.

Blöd nur, dass sie einen mittelständischen Freibe-rufler zum Mann hatte, der allein für Kranken-, Renten- und Lebensversicherungen, Haftpflicht-, Haus- und Hausrat-, Kfz- und Zusatzpflegever-sicherungen, für Miete, Heizung, Strom, Wasser, Müll- und Rundfunkgebühren, für Mehrwert-, Gewerbe- und Einkommensteuer, fürs Endlos-studium ihrer zwei erwachsenen Söhne, deren WG-Miete und deren Alltagsleben unfassbare Summen aufbringen musste, bevor er auch nur seinen ersten Kaffee für 2,50 € getrunken hatte.

Wie machen das die frommen Autorinnen und Autoren der vielen zartrosa gestalteten christlichen Ratgeberbücher? Roswitha griff in den Stapel und las auf den Rückseiten: „Soundso ist Lebensberater. Er liebt es, in der Stille Gott anzubeten." Oder: „… sie ist eine bekannte Achtsamkeitslehrerin." Oder: „… entspannt sich beim kreativen Arbeiten mit Leder und Filz." Oder: „… leitet mit ihrem Mann hauptberuflich den Lobpreis in ihrer Gemeinde."

Als Wolf-Rüdiger, mit ein paar fertig ausgefüllten Steuerformularen wedelnd, hereinkam, rief er: „Knapp zweitausend! Erwartbare Rückzahlung!". Da lächelte sie versöhnlich: „Na, Gottseidank."

Ziele haben, Ziele finden

Gibt es die perfekte Beifahrerin? Also eine Nonne aus einem Schweigekloster oder eine anästhesierte Frau nach einer Zahn-OP?

Wenn die Beifahrerin mit dem Mann am Lenkrad verheiratet ist, streiten ja drei Meinungen um die Richtung: die Ortskenntnis des Fahrers, das Gefühl der Beifahrerin und das Display des Navis. Bei Wolf-Rüdiger und Roswitha stritten vier: die beiden, das Navi und Google Maps.

Sie suchten eine kleine Schlosskapelle, die „An der Friedhofsmauer 245" sein sollte (sagte Google Maps) oder „Friedhofsmauer 45" (sagte das seit zehn Jahren nicht aktualisierte TomTom) oder einfach „Am Friedhof" (sagte der Einladungsflyer). Sie wollten zum Neujahrsempfang der Kirchengemeinden des Landkreises. Es regnete und es würde zeitlich knapp werden. „Nächste links", sagte das Smartphone in Roswithas Hand. Links war gesperrt: Baustelle. „Nach 100 Metern halb rechts abbiegen", sagte das TomTom. Dort mündete eine Einbahnstraße ein. Wolf-Rüdiger fuhr geradeaus. „Dort hinten gibt's Bäume!", brummte er. Wo grün war, musste schließlich auch ein Friedhof sein.

Dass Männer lieber stundenlang im Kreis fahren, als jemanden nach dem Weg zu fragen, hat mit männlichem Stolz zu tun. Wer fragen muss, gesteht seine Niederlage ein, hat verloren, ist zu blöd. Geht nicht.
„Entschuldigen Sie", brüllte Roswitha durch die geöffnete Seitenscheibe einen jungen Mann an. Er trug ein Kleinkind in der rechten Armbeuge und einen Schirm in der linken Hand. „Die Schloss-kapelle am Friedhof?" Der Mann beugte sich vor, von seinem Schirm plätscherte Regenwasser auf Roswithas Schulter. „Müsste am Schloss sein,

stimmt's?", antwortete er. Sein Kind weinte, hinter
ihnen hupte es.

Auf Wolf-Rüdigers Fahrerseite stöckelte eine kor-
pulente Frau mittleren Alters, die dem nasskalten
Wetter etwa zehn Zentimeter nackte Nierengegend
darbot.

„Da, da, werd ich wissen", antwortete sie mit ost-
europäischem Akzent. „Iss sich bei drittes letztes
Straße vor Ende!" Wolf-Rüdiger fuhr weiter und
merkte zu spät, dass man erst am Ende wissen
kann, welches die drittletzte Straße war.

Ein Pulk orientalisch aussehender Jungs in Ka-
puzensweatshirts überquerte den Zebrastreifen.

„Die brauchst du gar nicht erst fragen", schnaubte
Roswitha. „Im Wahlkampf beschwerten sich die
Rechten doch, man sähe kaum noch Deutsche in
der Stadt."

„Woran sehen die, wer deutsch ist?", fragte ihr
Mann zurück und stoppte bei einer jungen Frau
mit Kopftuch. „Sagen Sie, der Friedhof …" Ihre
dunklen Rehaugen leuchteten, als sie sich ins
geöffnete Fenster zu ihm hineinbeugte: „Zweite

rechts, erste links, dann geradeaus. Parkplätze sind
aber knapp."

Wolf-Rüdiger war baff. „Sie kennen sich ja aus,
Junge, Junge", bedankte er sich.

„Wieso? Wenn man hier geboren ist, kennt man
sich halt aus." Und weg war sie.

Als sie, gerade noch rechtzeitig, einparkten,
meldete sich das TomTom wieder. „Sie haben Ihr
Ziel erreicht!"

„Langfristig stimmt das", nickte Roswitha. „Sie
haben den Friedhof erreicht."

„Und die Friedhofsmauer ist überflüssig", lächelte
Wolf-Rüdiger. „Wer dahinterliegt, kann nicht raus,
und wer davorsteht, will nicht rein."

Der Verlag weist ausdrücklich darauf hin, dass im Text enthaltene externe Links nur bis zum Zeitpunkt der Buchveröffentlichung eingesehen werden konnten. Auf spätere Veränderungen hat der Verlag keinerlei Einfluss. Eine Haftung des Verlags für externe Links ist stets ausgeschlossen.

© 2022 Gerth Medien in der SCM Verlagsgruppe GmbH,
Dillerberg 1, 35614 Aßlar

1. Auflage 2022
Bestell-Nr. 817895
ISBN 978-3-95734-895-1

Umschlaggestaltung: Benita Penner
Umschlagillustration: Till Runkel · Tillustration
Satz: Vornehm Mediengestaltung, München
Druck und Verarbeitung: GGP Media GmbH, Pößneck
Printed in Germany

www.gerth.de